Naiem Ahmadinejadfarsangi

Honorable défense iranienne

Naiem Ahmadinejadfarsangi

Honorable défense iranienne

Éditions Muse

Imprint

Cover image: www.ingimage.com

Publisher:
Éditions Muse
is a trademark of
Dodo Books Indian Ocean Ltd., member of the OmniScriptum S.R.L Publishing group
str. A.Russo 15, of. 61, Chisinau-2068, Republic of Moldova Europe
Printed at: see last page
ISBN: 978-620-3-86452-6

Honorable défense iranienne

Pourquoi l'Iran n'a-t-il pas utilisé d'armes chimiques dans la guerre imposée ?

دفاع شرافتمندانه ایرانی

چرا ایران از سلاح شیمیایی استفاده نکرد؟

Naiem ahmadinejadfarsangi

Table des Matières

Introduction

Les souffrances des Iraniens causées par les armes chimiques étaient sans précédent dans les années qui ont suivi la Première Guerre mondiale. Selon les statistiques officielles, 20 000 personnes ont été tuées par l'agent neurotoxique sarin, suman et gaz moutarde (dont 7 000 sont mortes sur le coup). grièvement blessé. Jusqu'à 20 ans après les attentats, 55 000 personnes étaient toujours soignées pour les effets des armes chimiques. La plupart des décès étaient dus au gaz moutarde. Les effets de la maladie sur le gaz moutarde chimiquement endommagé pouvaient durer des décennies, ce qui pouvait prendre "Parfois, j'aimerais avoir été abattu", a déclaré Morteza Aminpour, un ancien soldat iranien qui avait été traité chimiquement avec du gaz moutarde. Cependant, l'Iran n'a jamais utilisé d'armes chimiques contre les troupes de Saddam en réponse à ces attaques.Les responsables américains et les médias doivent répondre à la question de savoir pourquoi cela ne s'est pas produit (l'attaque chimique de l'Iran contre l'Irak). La réponse à ces questions conduira à une réévaluation du rôle de la fatwa contre les armes de destruction massive. Une fatwa désigne une décision rendue par des érudits islamiques compétents. Une fatwa n'est pas un document officiel et n'est pas publiée comme les lois officielles, mais quand Être émis par le guide suprême de la République islamique d'Iran aura un effet direct et puissant sur la politique de ce pays. Cette influence a été prouvée dans une large mesure dans la guerre Iran-Irak. La chimie a empêché la propagation et l'utilisation de ce arme pendant les huit années de la guerre. Cependant, l'opinion publique aux

États-Unis accuse l'Iran et l'Irak de la pire attaque chimique de la guerre, le bombardement d'Halabja en mars 1988, ce qui a mis de côté la question de la non-utilisation d'armes chimiques par l'Iran. attaque contre des civils dans l'histoire moderne, tuant au moins 5 000 personnes et affectant 7 000 autres à long terme. Et il a également blâmé l'Iran et l'Irak pour l'attaque contre Halabja. L'Iran a affirmé que l'Irak avait utilisé du cyanure d'hydrogène dans l'attaque, une substance qui, selon la Defense Intelligence Agency, n'existait pas dans les arsenaux irakiens, ce qui était la principale raison de l'affirmation de l'AIEA selon laquelle elle blâmait l'Iran. Cependant, certains analystes de la CIA, tels que Kenneth Pollack, sur la base de preuves telles que des signes de mort au cyanure et que l'Irak n'avait pas de cyanure, pensaient que les deux parties avaient utilisé des armes chimiques à

Halabja. Il n'y a aucune autre preuve de l'utilisation d'armes chimiques par l'Iran pendant la guerre, les analystes de la CIA qui étaient d'avis (utilisation par l'Iran d'armes chimiques) ont finalement fait marche arrière. Il a été révélé plus tard que les auteurs du rapport de l'US Defence Intelligence Agency affirmant que l'Iran avait utilisé du cyanure avaient un intérêt très direct dans cette affaire. En 1987 et 1988, le département américain de la Défense a lancé des frappes aériennes détaillées sur le centre de l'Iran, comme Téhéran. et d'autres villes. Il a été fourni au commandant suprême de l'Irak. Les auteurs du rapport ont également participé à ce projet. Le colonel Pat Long et son adjoint, le lieutenant-colonel Rick Francona, ont fourni à l'Iraq une liste de cibles ainsi que des images satellite précises dans le cadre de l'opération Druid Lancer. et Washington. Ils savaient que l'armée de l'air de Saddam ajoutait des armes chimiques à leurs munitions pour attaquer les cibles fixées par le groupe américain. Par conséquent, les intérêts personnels et organisationnels des auteurs du rapport étaient impératifs. Dans la mesure où ils peuvent blâmer l'Iran pour le bombardement chimique d'Halabja.

Pourquoi l'Iran n'a-t-il pas utilisé d'armes chimiques ?

La raison la plus importante pour laquelle l'Iran n'a pas utilisé d'armes chimiques pendant la guerre n'était pas son incapacité à les fabriquer, mais l'ayatollah Khomeini, en tant que chef suprême, a interdit l'utilisation de ces armes. armes, mais l'ayatollah Khomeini les en a empêchés en raison de l'interdiction de l'utilisation de ces armes dans l'islam. Il était proche de Rafsandjani (commandant de l'armée depuis la mi-1988). La décision de l'imam Khomeini a clairement soulevé des tensions entre la nécessité pour l'Iran d'arrêter L'Irak des bombardements de villes et d'autres attaques chimiques, et l'engagement de l'Iran envers les principes islamiques. L'Iran va soigner des dizaines de ses blessés chimiques L'Europe a appelé les Nations Unies à enquêter sur les attentats et à condamner l'Irak pour avoir violé les lois de la guerre. Cependant, les États-Unis, la Grande-Bretagne et la France sont restés silencieux, et le Conseil de sécurité de l'ONU n'a jamais appelé l'Irak à le faire. Il n'a pas condamné le violation du Protocole de Genève (interdiction d'utiliser des armes chimiques).

Les droits humanitaires dans la pensée de l'imam Khomeiny

La position de l'imam Khomeini sur la guerre et la façon de se battre est tirée des textes islamiques et des enseignements des infaillibles. Dans la pensée de l'Imam Khomeini, la religion et l'éthique occupent une place particulière. Ses idées, qui sont basées sur des principes religieux et l'Islam, ont attaché une grande importance aux droits humanitaires pendant la guerre, de sorte qu'ils ont été objectivement et pratiquement cristallisés pendant la guerre Irak-Iran. L'imam a interdit aux forces iraniennes d'attaquer des zones civiles ; Ses directives de base pour les combattants et les défenseurs iraniens sur le non-usage des armes de destruction massive, le traitement humain des prisonniers irakiens, l'évitement des frappes aériennes sur les zones civiles et les lieux de guerre, sont des exemples marquants de respect des droits, même en temps de guerre. relations hostiles. Même dans les conditions difficiles de la guerre et de la violence de l'ennemi dans le bombardement de l'imam Khomeini, dans une partie de leurs discours à l'occasion de la guerre imposée à un groupe de personnes à la frontière iranienne, ils ont souligné la différence entre Les forces armées iraniennes et l'Irak. "L'essentiel est qu'il y ait une différence entre les forces armées iraniennes et les forces armées irakiennes, il y a une différence entre les commandants des forces armées iraniennes et les commandants des forces armées irakiennes, et que c'est qu'ils pensent à l'islam et veulent agir selon les règles de l'islam. Et ils n'ont rien à voir avec les gens du bazar et les gens et les pauvres d'ailleurs ... nous sommes menottés parce que nous ne voulons pas de gens ordinaires et innocents périr... nous devons suivre les règles de l'Islam... et ils pensaient qu'il n'y a pas de pouvoir. Maintenant, ils comprennent que non, il y a le pouvoir, mais le puissant agit ici selon une règle... » (Sahifa Imam, vol. 13, 2000 : 248). Dans un discours louant les victoires des combattants iraniens le 08/01/1362 concernant la politique consistant à ne pas attaquer les zones civiles, ils ont ajouté : « Et bien que de nombreuses villes y soient maintenant sous notre contrôle et que nos combattants peuvent les bombarder. et ils ne devraient pas, parce que les gens des villes ne sont pas coupables. "Nous devons lui infliger des dommages et le détruire pendant la guerre." (Ibid., Vol. 18, 2000 : 193). Bien que l'Irak ne se soit pas abstenu de bombarder, de bombarder et de tirer des roquettes sur les zones résidentielles et le peuple iranien sans défense pendant la guerre, mais soulignant le respect des règles islamiques dans la guerre et la protection des civils irakiens ordinaires contre le danger de guerre, a-t-il déclaré : Il n'y avait aucune crainte que la nation honorable de l'Irak soit blessée, si nous et notre armée et notre nation, comme Saddam, pensions que nous devrions aller de l'avant et tuer les nations, s'il y avait un tel plan, aujourd'hui vous verriez que L'Irak a d'autres gens qui peuvent Ils n'ont rien à faire..." (Sahifa Imam, vol. 14, 2000 : 279) L'imam Khomeini disait : « Vous êtes face à des populations qui n'ont pas pitié des hôpitaux et des écoles » (Tebyan Daftar 25, 2007 : 504). De plus, dans un discours du 15/08/62 à l'occasion du bombardement des villes de Masjed-e-Soliman, Andishmak, Behbahan, dans leurs recommandations catégoriques de ne pas attaquer les zones civiles et d'utiliser le pouvoir à la place, il leur a été rappelé une fois de plus : "Je dois à ces puissants que je prie pour Saddam et les Saddamistes, afin que ce pouvoir ne provoque pas de vengeance contre les normes divines. Vous avez construit sur cela jusqu'à présent, et si Dieu le veut, à partir de maintenant, vous devriez prêter attention aux villes irakiennes que nous considérons comme chères, comme nos propres villes, et certaines d'entre elles beaucoup plus haut, les habitants de ces villes ainsi que les habitants des villes. Nous souffrons du mal de Saddam, ils souffrent davantage..." .

Outre le principe de ségrégation, l'existence et la référence au principe de comportement humain et de non-discrimination peuvent également être constatées dans ses ordonnances dans cette affaire. Suite à la multiplication des attaques irakiennes contre la logique résidentielle iranienne, l'attente de représailles s'est accrue dans l'opinion publique. Par conséquent, le 25 novembre 1983, une réunion a eu lieu avec la participation des dirigeants des trois puissances iraniennes en présence de l'imam et les attaques irakiennes contre les zones résidentielles et la manière d'y réagir ont été discutées. Lors de cette rencontre, l'imam Khomeini n'a accepté aucune représailles et attaque contre des zones résidentielles en Irak, déclarant : « Cette action a des formes religieuses et politiques. Bien sûr, à la fin de 1987 et au début de 1988, lorsque la « guerre des villes » s'est intensifiée et que les missiles de Saddam ont même visé des villes comme Téhéran et Qom, les responsables de la République islamique d'Iran ont décidé de prendre des mesures réciproques pour éviter les maux croissants de le régime baasiste. Ce qui a été approuvé par l'Imam, mais l'Imam a dit aux commandants militaires de ne pas entrer dans un endroit où les Irakiens ont été déplacés de leurs maisons, et si vous voulez riposter, dites 48 heures à l'avance et annoncez que les gens peuvent, eux-mêmes, économiser. Suite à cette action, (des représailles limitées et avec une annonce préalable) certains pays arabes et régionaux ont protesté contre l'Iran ; L'imam a répondu que les attaques contre des zones civiles n'ont jamais été l'une des cibles et nous ne voulons pas qu'elles soient blessées, et cette action fait suite à la pression que le régime baasiste a exercée sur l'Iran après quatre ans d'attaques de missiles et à chaque fois que Les attaques irakiennes sur ces zones prennent fin. , Nous finirons aussi. Cette déclaration indique que cette contre-mesure, comme l'Iran, est basée sur le principe de nécessité militaire en droit international humanitaire, pour limiter ou réduire les attaques en Irak, et selon lui, le domaine de la défense est avancé dans la mesure où l'ennemi est capable de ne pas nuire à l'Iran. Il considérait cette action comme une sorte de défense à la poursuite de l'ennemi agresseur. À cet égard, l'Imam a déclaré lors d'une réunion avec le peuple de Khorasan le 3/5/61 qu'aujourd'hui, lorsque nous sommes entrés à nouveau en Irak pour défendre notre pays et notre nation opprimée, Afin de ne pas laisser Abadan et Ahvaz et là être attaqués tous les jours... C'est une défense que nous faisons... L'Islam ne nous permet pas de dominer un pays musulman (Sahifa Noor, Vol. 16 : 234 - 233).

Le principe du comportement humain et de la non-discrimination dans la pensée de l'imam Khomeini

Étude et étude des souvenirs et des récits laissés par les prisonniers irakiens que l'imam Khomeini considérait comme des invités et les prisonniers iraniens dans la prison du régime irakien que le leader iranien Imam Khamenei a qualifiés de glorieux affranchis, les différences et les faits dans les deux domaines L'idéologie des responsables de la République islamique d'Iran et des dirigeants du régime baasiste en Irak est clair. L'imam Khomeini a toujours conseillé avec eux les fonctionnaires et les personnes chargées de la garde et de la garde des prisonniers (irakiens) pour des raisons telles que la reddition, le manque d'armes, la tromperie, la tolérance et le respect de l'islam humain. à partir de nouvelles fiables selon lesquelles notre nation et nos forces armées traitent les déplacés de manière islamique et humaine, je les appelle tous à aimer les prisonniers, en particulier les blessés et les blessés, autant que possible. Servir "(Sahifa Noor, vol. 13 : 257) Notre armée et nos gardes agissent avec humanité avec ces prisonniers qu'ils ont amenés, et ils devraient agir davantage. Je recommande à tous ceux qui sont en captivité, les bonnes manières et le comportement humain, et ils sont des invités pour vous. Et, bien sûr, ils n'ont pas d'armes entre leurs mains maintenant, et je déclare que quiconque parmi les habitants de notre nation dépose ses armes et vient entrer dans notre nation, comme d'autres personnes qui le sont, ils sont en sécurité sous la protection de islamique). Or, ces gens qui sont captifs du pays islamique n'ont pas d'armes, et ils doivent être traités le plus humainement possible (Sahifa Noor, J 13 :511). Les opinions sincères de l'imam Khomeini ne se limitaient pas aux prisonniers irakiens, mais incluaient même les prisonniers de gangs déviants. L'imam dit à cet égard : Quels groupes se sont soulevés contre la République islamique d'Iran et ont enterré des innocents dans les rues et les bazars, et ceux qui ont corrompu les enfants du pays en vendant et distribuant de la drogue, et d'autres ? Les coupables de ces sont maintenant vos captifs et ils ont été faits prisonniers de leurs propres mains. Soyez bon et compatissant envers vos captifs, qu'ils soient prisonniers de guerre ou non, et traitez les prisons comme une école d'éducation morale. Comme vous l'avez fait jusqu'à présent, les déviants et les pécheurs peuvent goûter à la douceur de la justice islamique et se tourner vers l'Islam et le système islamique et se repentir de la vérité et retourner à l'Islam et à Dieu Tout-Puissant (Sahifa Noor, J 18 : 343). Dans les cas où un grand nombre de forces ennemies ont été faits prisonniers, l'Imam s'est adressé aux forces armées et a dit : « N'utilisez jamais la violence contre l'ennemi qui vous est donné comme prisonnier, ce qui est une tradition islamique. Ayez pitié des prisonniers de l'amour. Prenez les prisonniers de guerre entre vos mains, même si vous êtes coupables, apaisez-les et traitez-les humainement islamiquement. (Sahifa Noor, J 16 : 268). Envoyez dès que possible les victimes irakiennes dans les hôpitaux pour traitement, ainsi que les médecins et infirmières des hôpitaux, dont les efforts précieux, tant sur les fronts que dans les hôpitaux, ne sont pas cachés à notre peuple honorable, et nous vous en sommes très reconnaissants. Traitez-les comme vos parents et frères et réduisez l'amertume du mal et de la captivité avec leur comportement islamique de leur goût (Sahifa Noor, J 16 : 268). L'imam Khomeini, dans ses recommandations concernant la détention des prisonniers, a également mis l'accent sur cette question et a conseillé que le martyre des combattants iraniens et les crimes de Saddam et du parti Baas ne devraient pas amener les autorités iraniennes à se comporter contrairement aux normes islamo-humanitaires. et vengeance. « Nous avons beaucoup de prisonniers d'eux, nous avons beaucoup de réfugiés d'eux dans cette guerre qu'ils ont envahie et imposée ; Mais nous avons agi avec les captifs, ce que personne ne fait avec ses captifs. Nous avons agi comme nos frères. Si les captifs qu'ils nous ont enlevés sont torturés... » (Sahifa Noor, Volume 14:68).

Le principe de limitation dans la pensée de l'imam Khomeiny

Les attaques chimiques les plus importantes contre des zones civiles après la Première Guerre mondiale ont été menées par des Irakiens en 1987. L'armée irakienne a mené de lourdes attaques contre des cibles civiles dans des villes iraniennes et irakiennes. La raison la plus importante pour laquelle l'Iran n'a pas utilisé d'armes chimiques pendant la guerre n'était pas son incapacité à fabriquer ces armes, mais l'imam Khomeini, en tant que guide suprême, avait interdit l'utilisation de ces armes. Après que les forces irakiennes ont commencé à utiliser des armes chimiques, les responsables militaires iraniens ont offert des représailles, mais l'imam Khomeini a déclaré que ces armes étaient contraires aux enseignements religieux et a interdit leur utilisation. L'imam Khomeini n'a pas changé d'avis en raison des nouveaux dangers posés par les attaques au gaz chimique irakien contre les civils. "Peu importe que ces armes soient utilisées sur le champ de bataille ou dans les villes, nous nous y opposons", a-t-il déclaré au commandant des Gardiens de la révolution. La fabrication de telles armes est interdite. "Vous n'êtes autorisé à produire que des équipements de protection." Concernant l'utilisation par l'Irak d'armes meurtrières contre l'Iran, ils ont déclaré : « Sans aucun précédent et sans aucune raison, Saddam a envahi l'Iran en piétinant toutes les positions internationales, avec des armes qu'Israël n'a pas utilisées jusqu'à présent. Il s'en est servi et a tué beaucoup de nos des vieillards, des jeunes et des enfants et a détruit beaucoup de nos chars… » Sahifa Noor, vol. 13, 2010 : 282). Concernant les attaques chimiques du régime irakien et le silence de la communauté internationale, il a déclaré : "... L'ennemi a montré sa plus grande cruauté dans le bombardement chimique de zones résidentielles et par des attaques chimiques contre le peuple irakien sans défense, même les bases de soutien de leurs partisans. S'est également affaiblie… » (Ibid., Vol. 21, 1379 : 12). "Vous voyez que pendant que Saddam a fait cela, il a commis ce crime, nous avons été condamnés au lieu de nous asseoir ensemble et de dire quelqu'un qui est sur les musulmans, sur la nation arabe, sur la nation non arabe, sur la Perse, sur tout le monde." tombent, des bombes chimiques tombent. C'est condamné dans le monde, mais les assemblées du monde nous condamnent.

Mettre la paix avant la guerre Le Saint Coran donne la priorité à la paix et à la conduite pacifique par rapport à la guerre ; Là où Dieu demande aux croyants de faire tout ce qu'ils peuvent pour effrayer les ennemis, Il ordonne que si les ennemis se tournent vers la paix, vous vous tournez également vers la paix.? Faire la paix avec les ennemis et éviter la guerre autant que possible est également mentionné dans les paroles de l'Imam Ali. Il trouve la paix avec ses ennemis plus facilement que d'essayer de les vaincre sur le champ de bataille. "Il est plus facile de faire la paix avec les ennemis avec de bonnes paroles et un beau comportement que de les atteindre et de les vaincre avec l'intensité et la difficulté de la guerre." Dans la biographie de l'Imam Ali, la guerre n'est autorisée que s'il n'y a pas moyen d'y échapper et que le maintien de la paix affaiblit l'Islam. Il dit à ce propos : "J'ai trouvé la paix plus bénéfique que la guerre tant qu'elle n'affaiblit pas l'Islam." Il s'est également adressé à Malik Ashtar : Ne rejetez jamais l'offre de paix de votre ennemi, dans laquelle est le plaisir de Dieu, que le confort des guerriers, et votre tranquillité d'esprit, et la sécurité du pays soient assurés dans la paix. Mais les femmes ! De votre ennemi après la réconciliation, car parfois l'ennemi s'approche de la surprise, alors soyez prévoyant, et accusez-le d'optimisme. Évitez de commencer une bataille sur le champ de bataille Amir Momenan a préparé et mobilisé des forces là où les efforts pour éviter une guerre ont été infructueux et la confrontation avec l'ennemi était inévitable. Mais ils n'ont jamais commencé une guerre sur le champ de bataille. A la bataille de Jaml, en attendant les infidèles et ne commençant pas la guerre, il envoya un de ses compagnons avec le Coran aux troupes ennemies et les invita à abandonner la guerre. Mais les troupes ennemies tuèrent l'Imam Ali et ce n'est qu'après cela qu'il se contenta de combattre les infidèles. Respect des principes moraux et évitement de rompre l'alliance L'étude de l'imam Ali montre ses efforts pour minimiser la violence et se conformer à l'éthique sur le champ de bataille. En général, affronter l'ennemi d'une manière contraire à la vertu et à la chevalerie n'est pas permis. Ils ont remis la guerre aux dernières heures de la journée afin que moins de soldats soient tués par l'ennemi à la tombée de la nuit. Dans l'un des sermons de Nahj al-Balaghah, l'Imam Ali, tout en faisant référence au comportement de Mu'awiyah, a souligné le dégoût de la trahison et l'a considéré comme un grand péché commis par un infidèle : "Je jure devant Dieu, Mu'awiyah n'est pas plus intelligent que moi, mais sa méthode est de briser l'alliance et de commettre des péchés. "S'il n'y avait pas eu la rupture désagréable de l'alliance, j'aurais été la personne la plus intelligente, mais chaque ruse du péché et chaque péché est une sorte de blasphème et de déni. Le Jour du Jugement, chaque homme rusé aura un drapeau avec lequel il est connu." La biographie de l'imam Ali dans la bataille de Safin montre également son adhésion aux principes moraux envers l'ennemi ; Lorsque l'armée de Mu'awiyah a fermé la charia de l'Euphrate aux compagnons de l'imam, les troupes de l'imam Ali se sont battues courageusement après avoir prononcé son sermon et repris la charia à l'ennemi. L'un des compagnons de l'Imam a proposé en représailles que nous fermions l'eau sur eux, mais il n'a pas accepté son offre malgré le fait que l'ennemi avait fait quelque chose à leur sujet. Interdiction d'empiéter sur les biens des non-combattants L'interdiction d'attaquer et d'endommager les biens des non-combattants et de respecter leurs droits a été préconisée dans la tradition des imams chiites. Selon cette tradition, il est interdit aux armées de l'Islam de harceler les gens et de saisir et d'endommager leurs biens sans le consentement de leurs propriétaires en cas d'urgence et pour sauver des vies. Pendant la guerre de Tabuk, le Prophète (PSL) a interdit aux militaires de camper dans les champs du peuple. Cette question a également été soulignée dans la biographie de l'Imam Ali. Il a interdit à ses troupes de harceler les gens et d'endommager leurs biens. Dans une lettre à Jari'ah ibn Qadamah, lorsqu'il a été envoyé à la guerre, il l'a mis en garde contre l'usurpation de bétail et l'empiètement sur les eaux du peuple : "Voyagez dans l'espoir de la bénédiction de Dieu pour atteindre votre ennemi, ne méprisez aucune des créations de Dieu, n'usurpez aucun chameau ou animal à quatre pattes, même si vous marchez pieds nus, ne possédez pas les eaux du peuple et seulement avec satisfaction "Ils boivent de l'eau à cause d'eux." Il a également ordonné à ses troupes lors de la bataille de Safin de leur interdire de piller les biens des personnes autres que les armes. Défendez vos camarades Le conseil de l'Imam Ali aux troupes est que sur la scène du jihad, ils ont vu un de leurs camarades qui était faible et incapable face à l'ennemi, pour le sauver : "Lorsque vous rencontrez l'ennemi... et que vous voyez un de vos frères qui est blessé et faible ou que votre ennemi est avide de le détruire, protégez-le." Cette narration explique le genre d'attitude d'un musulman envers son prochain, qui est l'un des principes de la moralité dans le jihad. Défendre mon camarade dans la scène difficile de la campagne, où il y a un risque de perte de vie, est valorisé en fonction de l'attitude de la religion envers la fraternité et la fraternité entre camarades. Prière et bienveillance pour l'ennemi Une analyse de la vie des imams chiites montre que l'effort pour sauver et guider les êtres humains a un rôle central dans leur vie. Dans la mesure où Dieu a décrit Son Messager dans le Saint Coran comme « avide » de guider les croyants. En conséquence, lorsqu'il est confronté sur le champ de bataille, guider l'ennemi vers le salut et essayer d'empêcher la guerre fait partie de son mode de vie. Ce point de vue peut également être vu dans la vie de l'Imam Ali. Ils demandent à Hajar ibn 'Uday et à Amr ibn al-Hamq, qui avaient ouvert la bouche à la malédiction de l'ennemi, de prier pour la protection de la vie de l'ennemi, de les sauver de l'égarement et d'établir la paix entre eux.

« Si au lieu de les maudire et de les haïr, tu pries ainsi, mon Dieu ! Préservez notre sang et le leur, réconciliez-vous entre nous et eux, et guidez-les de l'erreur vers le droit chemin, afin que ceux qui sont ignorants puissent connaître la vérité, et que ceux qui s'opposent à la vérité puissent se repentir et retourner à la vérité. plus agréable et meilleur pour vous." L'auteur du livre Wasa'il al-Shi'ah raconte une narration sur la nécessité d'appeler à l'Islam avant le début de la guerre, qui illustre bien cette tradition ; Imam Ali a dit : Le Messager de Dieu (PSL) m'a envoyé au Yémen et a dit : O Ali ! Ne combattez jamais quelqu'un avant de l'avoir invité à l'Islam. Je jure devant Dieu! "Si Dieu guide une personne à travers vous, c'est mieux pour vous que ce que le soleil s'est levé et couché." Dans la bataille d'Uhud, alors que le Messager de Dieu (PSL) était blessé, il lui fut proposé de maudire l'ennemi. Mais il pria le visage blessé et dit : « " Dieu ! Guide mon peuple ! "Parce qu'ils sont ignorants." Éviter de maudire l'ennemi L'Islam interdit aux musulmans de jurer. Le Saint Prophète (PSL) insiste sur le fait que vous ne devriez pas insulter les polythéistes : Il dit dans un testament : « N'insultez pas les gens pour ne pas leur procurer d'inimitié, aimez-les pour qu'ils vous aiment. De l'avis de l'imam Ali, jurer est considéré comme tellement dégoûtant qu'il a interdit de jurer contre l'ennemi même en temps de guerre. Lors de la bataille de Safin, lorsqu'ils apprirent que leurs alliés insultaient les chamanes, ils dirent : « Je n'aime pas que vous les insultiez. Aussi, lorsqu'ils apprirent que deux de leurs alliés avaient insulté les ennemis, ils les appelèrent immédiatement et les empêchèrent de le faire. Condamnation d'échapper à l'ennemi L'un des enseignements moraux du djihad est le courage contre l'ennemi et l'évitement de s'échapper. Dans les récits des imams chiites, fuir l'ennemi est condamné sur la scène de la campagne. Dans une lettre au peuple égyptien, l'imam Ali a décrit Malik Ashtar, qui avait été élu gouverneur d'Égypte, comme un serviteur de Dieu qui ne se détournait pas dans les moments de peur de l'ennemi. En un mot, il considère le djihad comme une porte à travers les portes du ciel et considère la fin de la sortie du djihad comme une humiliation et une calamité : « Le Jihad sur le chemin de Dieu est la porte du ciel, que Dieu a ouverte pour ses amis spéciaux. Le

Jihad est le vêtement de la piété, une armure solide et le bouclier sûr de Dieu. "Il reste dans le voile de l'égarement et se détourne de la vérité. Il est condamné à l'humiliation et privé de justice pour avoir quitté le Jihad." Interdiction de la guerre avec les non-combattants Dans les guerres, en particulier les guerres qui se déroulent dans les villes, les non-combattants et les personnes handicapées comme les enfants, les femmes et les personnes âgées subissent de nombreux dommages. Dans la tradition des imams chiites, ces personnes, même si elles sont affiliées à l'ennemi et à ses sujets, jouissent d'une immunité. Chaque fois que le Prophète (PSL) envoyait un groupe en guerre, il leur interdisait de tuer des personnes âgées, des enfants et des femmes. A moins qu'ils ne participent aussi à la guerre contre les musulmans. Après la bataille, Hanin a vu le Prophète (PSL) parmi les morts, une femme rassemblée par les musulmans à côté de son corps. Ils ont demandé qui l'a tué ? Ils ont dit : Khalid bin Walid. Il a dit : Dites-lui que le Prophète vous interdit de tuer des enfants, des femmes et des esclaves. L'Imam Ali, en conseillant ses commandants militaires, leur a interdit de combattre des non-combattants : En ordonnant à ses troupes dans la bataille de Safin, il leur a ordonné de ne pas déclencher une guerre : « N'enlevez aucun voile et n'entrez dans une maison que sur mon ordre, et ne prenez rien de leur propriété sauf ce qui se trouve dans le camp. femmes." Interdiction du meurtre de masse Selon l'Imam Ali, le Messager de Dieu (PSL) a interdit de verser du poison dans le pays des polythéistes. Cheikh Tusi a déclaré que la raison de cette interdiction était le meurtre de personnes telles que des enfants et des femmes, dont le meurtre n'est pas autorisé. Par analogie, l'interdiction de l'utilisation d'armes de destruction massive par lesquelles des non-combattants sont tués peut être déduite de cette tradition. Interdiction de poursuivre les fugitifs et de tuer les blessés L'imam Ali a conseillé à ses commandants militaires de s'abstenir de poursuivre les fugitifs du front ennemi et de tuer leurs blessés : "Si l'ennemi est vaincu par la permission de Dieu, ne tuez pas celui qui lui a tourné le dos, et ne faites pas de mal à celui qui n'a pas le pouvoir de se défendre, et ne tuez pas les blessés." Il reporta la guerre aux dernières heures de la journée afin de minimiser les pertes de l'ennemi et de permettre aux soldats ennemis de profiter de l'obscurité de la nuit et de se sauver.

La nécessité d'un bon traitement des détenus

Bien que capturer des forces ennemies en temps de guerre soit normal et puisse être vu dans les manières des imams, mais selon les enseignements islamiques, les prisonniers ne devraient pas être traités avec violence. Dans la biographie de l'Imam Ali sur le bon traitement des prisonniers et la prévention de la violence, il existe de nombreuses recommandations emphatiques qui indiquent le respect des questions islamiques et humanitaires concernant les prisonniers de guerre. L'imam Ali considère bien traiter un prisonnier comme l'un des droits d'un prisonnier et considère qu'il est obligatoire de le faire. Dans la biographie de l'imam Ali, nous lisons qu'il a traité les captifs avec bonté et a libéré les captifs qui n'ont pas commis de meurtre et ne sont pas revenus à l'inimitié. Dans la bataille de Jaml, Saeed et Aban, les deux fils d'Uthman, ont été capturés et amenés à eux. Une personne a suggéré de tuer les deux. L'imam Ali a dit : « Vous avez dit un très gros mot ! Puis il dit aux deux : " Détournez-vous de votre erreur et abandonnez et allez où vous voulez, et si vous voulez, restez avec moi afin que j'aie pitié de vous. " Ils ont dit : « Amir al-Mu'minin, nous prêtons allégeance et revenons. Puis ils ont prêté allégeance et sont partis. Après avoir battu Ibn Muljam, qui avait été fait prisonnier, il vous a ordonné de bien le traiter. Donnez-lui de la nourriture propre et adoucissez son lit.

Sources et références :

Pourmohammadi, Nematullah, Les droits humanitaires dans la guerre Iran-Irak, Un examen du comportement irakien - Guerre et défense dans la pensée de l'imam Khomeini, livre Tebyan 24, édité par Marandi, Mehdi. Première édition - Harr Ameli, Muhammad ibn Hassan, 1409 AH, élaboration des moyens des chiites pour étudier les problèmes de la charia, Qom, Fondation Al-Bayt, que la paix soit sur eux. - Tamimi Amadi, Abd al-Wahd bin Muhammad, 1410 AH, Gharr al-Hakam wa Darr al-Kalam, Qom, Dar al-Kitab al-Islami Blazeri, Ahmad Ibn Yahya, 1417 AH, Ansab al-Ashraf, Beyrouth, Dar al-Fikr -Bostani, Fouad Afram, 1996, Farhang Abjadi, Téhéran, Publications islamiques Barqi, Ahmad Ibn Muhammad, 1371 AH, Al-Mahasin, Qom, Maison des livres islamiques Al-Salehi Al-Shami, Muhammad bin Yusuf, 1414 AH, le chemin de l'orientation et de l'orientation dans la biographie de Khair Al-Ibad, Beyrouth, Dar Al-Kitab Al-Almiya Ibn Hisham, Abdul Malik Ibn Hisham, Bita, Al-Sira Al-Nabawiyyah, Beyrouth, Dar al-Ma'rifah Ibn Manzur, Muhammad ibn Makram, 1414 AH, langue arabe, Beyrouth, Dar al-Fikr pour l'impression, l'édition et la distribution. Ibn Shahr Ashob, Muhammad Ibn Ali, 1379 AH, Manaqib Al Abi Talib, que la paix soit sur lui, Qom, Allama Ibn Babawiyyah, Muhammad ibn Ali, 1385 AH, Causes de la charia, Qom, Librairie Davari Ibn Abi Zainab, Muhammad ibn Ibrahim, 1397 AH, l'invisible (pour Al-Nu'mani), Téhéran, Éditions Sadiq. Ibn Abi Al-Hadid, Abdul Hamid Ibn Hiba Allah, 1404 AH, Explication de l'approche de la rhétorique par Ibn Abi Al-Hadid, Qom, Ayatollah Al-Marashi Al-Najafi Library

Printed by Books on Demand GmbH, Norderstedt / Germany